CONCESSION FRANÇAISE DE HANKEOU

Code

DES

Règlements

ET

Ordonnances

FEVRIER 1909

CONCESSION FRANÇAISE
DE HANKEOU

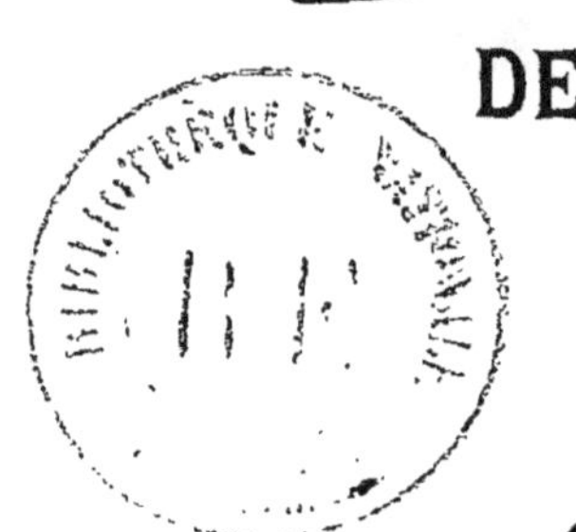

Code
DES
Règlements
ET
Ordonnances

FEVRIER 1909

I. ADMINISTRATION MUNICIPALE

REGLEMENT

D'ORGANISATION MUNICIPALE

DE LA

CONCESSION FRANCAISE DE HANKEOU

ARTICLE I.

Le corps municipal de la concession française de Hankéou se compose du consul de France et de cinq conseillers municipaux, dont trois français, et deux étrangers n'appartenant pas à la même nationalité, désignés les uns et les autres par la voie de l'élection.

Le conseil ainsi formé prendra le nom de conseil d'administration de la concession française de Hankéou.

ARTICLE II. .

Les conseillers sont nommés pour deux ans, ils sont renouvelés tous les ans, la première année par 2 français et I étranger, l'année suivante par I français et I étranger.

En cas de renouvellement intégral du conseil, 2 des français et I des étrangers seront élus pour deux ans, tandis que les autres seront élus pour une année seulement.

La durée respective des mandats sera fixée après l'élection par voie de tirage au sort.

Une ordonnance consulaire fixera, dans chaque cas, avant les élections les conditions dans lesquelles s'effectuera ce tirage au sort.

ARTICLE III.

Les conseillers décédés ou démissionnaires seront remplacés en même temps que les conseillers sortants. Leurs remplaçants seront élus seulement pour la période qui leur restait à courir. Dans le cas où plusieurs élections complémentaires seraient faites en même temps en vertu de ce qui précède, la durée respective des mandats serait décidée s'il y a lieu par voie de tirage au sort, dans les conditions prévues à l'article précédent. Toutefois, lorsque par suite de décès, démission ou absence devant durer plus de 6 mois le nombre des conseillers français ou étrangers se trouvera réduit de plus de moitié, il sera procédé au remplacement des conseillers décédés, démissionnaires ou absents. La durée de leur mandat sera réglée comme il est dit à l'article précédent.

ARTICLE IV.

Sont électeurs tout français et tout étranger, âgé de vingt et un ans, et remplissant, sauf les réserves indiquées à l'article 5, l'une des trois conditions suivantes.

1°. Possédant en vertu d'un titre de propriété régulier un terrain situé dans les limites de la concession, ou représentant habituellement le propriétaire dudit terrain en vertu d'un titre régulier.

2°. Résidant dans la concession depuis plus de 6 mois et occupant sur la concession tout ou partie d'un immeuble en qualité de locataire et payant un loyer mensuel de Tls. 30 au moins ou un logement garni de

Tls. 40 au moins; ou représentant en vertu d'un titre légal la société ou la raison sociale qui se trouve locataire.

3°. Résidant dans la concession depuis plus de 6 mois, moyennant justification d'un revenu mensuel de Tls. 125.

Les droits électoraux résultant de l'accomplissement de l'une ou l'autre des trois conditions énumérées plus haut ne se cumulent pas.

ARTICLE V.

Ne sont pas électeurs :
1°. Le personnel du Consulat de France à l'exception du Consul.

2°. Les officiers de l'armée de terre et de mer.

Cette disposition ne s'applique pas aux officiers en congé et résidant depuis plus de 6 mois à Hankéou

3°. Les fonctionnaires et agents employés dans un service de la municipalité et rémunérés par un traitement, à moins qu'ils ne soient propriétaires d'un terrain dans les conditions prévues à l'article précédent.

ARTICLE VI.

Le Consul dresse la liste électorale, la révise tous les ans et convoque l'assemblée des électeurs.

Les réclamations concernant les inscriptions ou radiations sur la liste électorale, sont reçues jusqu' à midi la veille du jour fixé pour les élections et jugées comme matières sommaires et sans recours par le Consul après l'audition des intéressés.

Les opérations électorales sont vérifiées par le conseil municipal et sans recours. Les questions concernant l'éligibilité sont jugées en séances spéciales, sous la présidence effective du Consul. La décision prise pourra

[4]

être déférée au Ministre de France à Pékin statuant administrativement et en dernier ressort.

ARTICLE VII.

Pour être éligible il faut être électeur et âgé de 25 ans au moins.   Toutefois ne sont pas éligibles les électeurs qui sont entrepreneurs de services municipaux, ou membres dirigeants de toute société liée par contrat à la municipalité pour l'exécution de travaux quelconques ou l'exploitation d'un service public.

Ceux des conseillers en exercice qui viendraient à se trouver au cours de leur mandat dans les conditions prévues à l'alinéa 2 du présent article, seront considérés comme démissionnaires et remplacés ainsi qu'il est dit à l'article 3.

En cas de doute ou de contestation la question sera tranchée suivant les règles établies à l'article 6, alinéa 2, en matière d'éligibilité.

Les conseillers sortants peuvent être réélus.

ARTICLE VIII.

Le scrutin est secret.

Le vote a lieu par scrutin de liste. Chaque liste doit comprendre le nombre de résidents français et de résidents étrangers à élire.

Les candidats qui, dans chacune des deux catégories déterminées ci dessus, ont réuni le plus de voix sont immédiatement élus.

ARTICLE IX

Le conseil d'administration ne se réunit que lorsqu'il est convoqué par le président.   Il doit l'être toutes les fois que la majorité de ses membres en fait la demande par écrit.   Le consul peut le convoquer aussi souvent qu'il le juge nécessaire.

ARTICLE X.

La présidence du conseil appartient de droit au consul.

Le chancelier titulaire ou intérimaire du consulat remplit les fonctions de secrétaire.

Les délibérations sont prises à la majorité des voix. En cas de partage, la voix du président est prépondérante.

ARTICLE XI.

Les séances du conseil sont publiques.

Le huis clos devra être obligatoirement prononcé sur la demande du président ou de deux membres du conseil.

ARTICLE XII.

Le consul a le droit de suspendre le conseil municipal sauf à rendre immédiatement compte de sa décision à S.E.Mr. le Ministre des Affaires étrangères ainsi qu'au représentant de la France à Pékin qui pourra, s'il le juge nécessaire, prononcer sous la réserve de l'approbation du Gouvernement, la dissolution de cette assemblée.

La durée de la suspension ne peut excéder trois mois.

En cas de dissolution, l'assemblée électorale doit être convoquée dans les six mois à partir du jour où le conseil a cessé d'exercer ses fonctions. Le conseil est remplacé dans l'intervalle par une commission provisoire que le consul nomme d'urgence.

CHAPITRE II.

ATTRIBUTIONS ET ADMINISTRATION.

ARTICLE XIII.

Le conseil d'administration municipale délibère sur sur les objets suivants:—

1°.—l'établissement et la répartition des taxes municipales.

2°.—le budget des recettes et des dépenses municipales.

3°.—les emprunts.

4°.—les demandes en décharge et en réduction d'impôts.

5°.—le mode de recouvrement de l'impôt.

6°.—les acquisitions, aliénations, échanges et locations de propriétés municipales.

7°.—l'ouverture des rues et des places publiques, les projets de construction de quais, jetées, les projets d'alignement, l'emplacement des halles, marchés, abattoirs, cimetières.

8°.—les travaux d'assainissement et de viabilité.

9°.—les règlements de voirie et de salubrité.

10°.—les expropriations pour cause d'utilité publique, selon les formes qui seront déterminées.

11°.—les actions à soutenir devant les tribunaux, comme défendeur ou comme demandeur, à quelque degré de juridiction que ce soit.

12°.—tous les objets sur lesquels le consul appelle le conseil à délibérer.

ARTICLE XIV.

Les délibérations du conseil ne seront exécutoires qu'en vertu d'un arrêté du consul.

Le consul est tenu de rendre exécutoire dans un délai de 8 jours toute délibération relative à l'un des objets énumérés sous les numéros 1 à 5 de l'article 13.

Le consul peut, par décision motivée, et sous réserve de l'approbation du Ministre de France à Pékin, qui doit être demandée sans retard, refuser de rendre exécutoire une délibération du conseil municipal relative à l'un des objets énumérés sous les numéros 6 à 12 de l'article 13.

L' exécution de la délibération demeure suspendue jusqu'à l'arrivée de la réponse de la Légation.

ARTICLE XV.

Le conseil municipal est chargé des services administratifs concernant la voirie, écoulement et la distribution des eaux, léclairage des rues, la gestion et l'entretien des propriétés municipales, l'exécution des travaux d'utilité publique, la confection du plan cadastral, l'établissement et la révision des rôles des contributions et la perception des revenus municipaux. Il est également chargé dexercer les poursuites contre les contribuables en retard.

Le président a seul la signature municipale.

ARTICLE XVI.

Tous les employés de la municipalité sont nommés par le président, et placés sous ses ordres exclusifs. Il sera seul investi à leur égard du pouvoir disciplinaire. Toutefois, il ne pourra signer avec eux de contrats d'engagement ni les congédier sans avoir pris l'avis du conseil.

Cette disposition ne concerne pas les agents de la police.

ARTICLE XVII.

Le consul est chargé de tout ce qui a pour objet le maintien de l'ordre et de la sécurité publique sur la concession.

Le corps de police dont les dépenses sont à la charge du budget municipal, est exclusivement placé sous ses ordres. Il en nomme les agents, les suspend ou les révoque.

Dans le cas où le conseil refuserait de voter les fonds quil juge nécessaires pour le service de la police, le consul pourra d'office, après en avoir référé à M. le

Ministre de la République Française à Pékin, les faire inscrire au budget.

ARTICLE XVIII.

Les contraventions aux règlements de voirie sont jugées par le consul statuant administrativement.

Les contraventions aux règlements de police sont jugées par le consul statuant judiciairement.

En cas de poursuites exercées pour retard du paiement de l'impôt le receveur municipal doit citer le contribuable devant le tribunal consulaire.

Si l' individu poursuivi pour l' une des trois causes ci-dessus n' est pas soumis à la juridiction française et s' il récuse la compétence du consul, il doit être renvoyé immédiatement devant ses juges naturels.

ARTICLE XIX.

Le consul pourra, lorsqu' il le jugera utile, et après avoir consulté le conseil municipal, convoquer en assemblée extraordinaire tous les électeurs et même tous les français ou étrangers non électeurs demeurant sur la concession, pour recueillir leur avis sur les questions d' intérêt général qu'il croira devoir leur soumettre à titre exceptionnel.

ARTICLE XX.

En cas de vacance du consulat ou d'absence du titulaire, toutes les attributions et prérogatives conférées au consul par le présent règlement appartiennent de droit au gérant du consulat.

ORDONNANCE CONSULAIRE.

Nous, Gérant du Consulat de France à Hankéou.

Vu la dépêche de Mr. le Ministre des Affaires Etrangères en date du 18 Janvier 1908.

Vu la dépêche de Mr. le Ministre de France à Pékin en date du 11 Mars 1908, contenant le texte approuvé du règlement modifié de la concession française de Hankéou.

Arrêtons ce qui suit:

Article Unique.—Le règlement d'organisation municipale de la concession française de Hankéou, modifié d'après les instructions précitées, sera mis en vigueur à dater d'aujourd'hui 23 mars 1908.

Hankéou, le 23 mars 1908.

Le Gérant du Consulat de France.

A. DOIRE.

II. POLICE VOIRIE HYGIENE

ORDONNANCE CONSULAIRE

Nous, Joseph Dautremer, Consul de France à Hankéou.

En vertu des instructions que nous avons reçues de S.E.Mr. le Ministre des Affaires Étrangères par une lettre en date du 12 Mars 1898.—publions les dispositions suivantes qui seront à dater de ce jour applicables dans les limites de la Concession Française à Hankéou.

Art. I.—Les règlements d'organisation municipale,[1] dont le projet a été soumis à S. E. Mr. le Ministre des Affaires Etrangères, ayant reçu l'approbation nécessaire, seront mis en vigueur à dater d' aujourd'hui 1er Mai 1898.

Art. II.—Les règlements pourront être consultés par les intéressés en la chancellerie du Consulat de France à Hankéou.

Hankéou le 1er Mai 1898.

Le Consul de France

J. DAUTREMER.

---

(1) Nota. Le règlement du 1er mai 1898 relatif à l'organisation municipale proprement dite a été modifié et remplacé par celui du 23 mars 1908 reproduit plus haut ; le règlement de police et de voirie restant seul en vigueur.

POLICE=VOIRIE=HYGIENE

REGLEMENT DE POLICE ET DE VOIRIE

ARTICLE I.

Tout acte immoral ou scandaleux est interdit sur la voie publique. Sont également interdits l'étalage et la vente sur la voie publique de livres ou photographies obscènes.

ARTICLE II

Sont et demeurent prohibées les maisons de jeu, les fumeries d'opium, les maisons publiques dont la fermeture immédiate sans aucune indemnité sera prononcée, le cas échéant, par le Consul de France.

ARTICLE III

Aucun cabaret ne pourra être ouvert sur la concession sans l'autorisation préalable du Consul de France. Cette autorisation sera toujours révocable s'il s'y produit des désordres ou si l'on y vend du vin ou des boissons reconnues nuisibles à la santé publique.

ARTICLE IV

Les débitants devront se faire inscrire chez le chef de la police municipale qui exercera sur leurs établissements une surveillance rigoureuse.

ARTICLE V

Les cafés, restaurants et autres lieux publics devront être fermés à onze heures du soir. En cas d'infraction à cette règle, un premier avertissement sera donné aux patrons de ces établissements dont la fermeture pourra, après récidive, être prononcée par le consul de France. Toutefois, en cas de circonstances exeptionnelles, et sur demande motivée, le chef de police pourra accorder à ces établissements l'autorisation de rester ouverts au delà de l'heure fixée. Cette autorisation ne sera jamais permanente et devra être renouvelée chaque fois qu' elle sera nécessaire.

ARTICLE VI

Les conducteurs de voitures et les cavaliers devront maintenir leurs attelages et leurs montures à une allure modérée, et seront passibles d'une amende s'ils occasionnent un accident par leur faute, ils devront tenir la gauche pour être en harmonie avec les autres concessions.

ARTICLE VII

Les chevaux et ânes de louage, les djinrikchas ne pourront stationner, sous peine d'amende pour leurs propriétaires, en dehors des endroits indiqués par le chef de la police municipale.

ARTICLE VIII

Il est interdit, dans les rues de la concession, de promener des chevaux et autres animaux par groupes, ils devront être montés ou tenus en main par un mafou. Quand ils traverseront les rues, les chevaux ne devront le faire que par files de deux de front au plus.

ARTICLE IX

Il est également interdit d'attacher les chevaux devant les portes donnant sur la rue et de les y laisser stationner plusieurs heures.

ARTICLE X

Les charrettes et brouettes ne pourront, sous peine d'amende pour leurs conducteurs, passer sur les bords des rigoles longeant les habitations.

ARTICLE XI

Les habitants sont tenus de nettoyer chaque matin toute la portion des rues ou passages s'étendant au devant des maisons ou de leurs dépendances. Les boues ou immondices provenant de ce balayage resteront déposées devant les habitations d'où elles seront enlevées par les soins de l'entrepreneur à ce préposé. Il est interdit sous peine d'amende de les jeter dans les terrains vagues ou dans les rigoles comprises dans l'enceinte de la concession.

ARTICLE XII

L'enlèvement des débris ou immondices devra être effectué par l'entrepreneur du balayage à 7 heures du matin pendant la saison d'été et à 8 heures pendant la saison d'hiver.

ARTICLE XIII

Il est interdit sous peine d'amende de déposer sur la voie publique ou aux abords des maisons, des débris de verre ou de porcelaine comme, aussi, de ne rien jeter qui puisse blesser les passants ou produire des exhalaisons mauvaises ou nuisibles.

ARTICLE XIV

Il est expressément défendu sous peine d'amende de faire ou de déposer des ordures dans toute l'étendue de la concession en dehors des lieux affectés à cet usage.

ARTICLE XV

Toute personne transportant des vidanges ou autres matières répandant de mauvaises odeurs devra prendre les précautions nécessaires pour ne pas nuire â la santé publique. Le transport des dites vidanges ou matières ne pourra avoir lieu après sept heures du matin et avant neuf heures du soir.

ARTICLE XVI

Aucun habitant ne doit laisser séjourner sur la voie publique des marchandises, matériaux ou autres. Il pourra cependant et après autorisation du chef de police, être établi un dépôt provisoire de matériaux ou marchandises devant les habitations, si ledit dépôt ne porte pas obstacle à la circulation des voitures.

ARTICLE XVII

Ceux qui auront obtenu la dite autorisation pour leur dépôt de marchandises ou de matériaux devront les faire éclairer la nuit. Il en sera de même de toute excavation sur la voie publique qui devra être indiquée pendant le jour par un signal et éclairée la nuit.

ARTICLE XVIII

Aucun habitant ne pourra, sous peine d'amende, ouvrir de tranchées sur la voie publique, ni établir devant sa demeure des constructions en saillie, telles que bornes, marches, auvents ou toutes autres constructions de nature à gêner la circulation.

ARTICLE XIX

Il est rigoureusement interdit de commettre des dégradations aux arbres des rues, promenades ou propriétés publiques et aux appareils d'éclairage, de détériorer de quelque manière que ce soit les chemins publics, d'usurper sur leur largeur ou d'enlever les gazons, terres ou pierres. Les contrevenants seront punis d'une amende de une à cinq piastres.

ARTICLE XX

Sont interdits dans toute l'étendue de la concession française 1° les dépôts de poudre, salpête, pétrole ou autres matières inflammables en quantité suffisante pour compromettre la sécurité publique; 2° le tirage de feux d'artifice, pétards etc........., sans avoir préalablement obtenu l'autorisation du chef de la police. En cas d'incendie, les contrevenants seront punis dune amende prononcée par le Consul de France, dont le chiffre variera suivant l'importance de l'incendie.

ARTICLE XXI

Il est défendu de jeter des pierres, corps durs ou projectiles quelconques, ainsi que de vider des immondices sur les passants ou contre les maisons, édifices, clôtures, jardins ou enclos publics ou particuliers.

ARTICLE XXII

Il est interdit, à moins d'autorisation spéciale délivrée par le chef de police, d'établir sur le quai et dans les rues, des tables, bancs, chaises ou autres objets pouvant gêner la circulation, comme aussi d'y stationner dans une tenue inconvenante.

En cas d'infraction au présent règlement et de résistance aux agents de la force publique dans l'exercice de leurs fonctions les chinois ou européens seront, suivant la gravité des cas, punis d'une amende de une à cent piastres ou amenés devant le Consul qui décidera s'il y a lieu de les envoyer devant les fonctionnaires chinois, et les Européens seront cités et poursuivis devant le Consul de leur nationalité.

Fait à Hankéou le premier Mai mil huit cent quatre vingt dix huit.

Le Consul de France

J. DAUTREMER.

REGLEMENT DE VOIRIE ET D'HYGIENE (a)

ORDONNANCE

Nous, Gérant du Consulat de France à Hankéou

Vu les délibérations du Conseil Municipal en date des 5 Mai et 9 Juin 1908.

Vu les Articles XIII § 9 et XIV du règlement municipal.

Considérant que dans l'intérêt de la salubrité publique il y a lieu de compléter le règlement de voirie du 1er Décembre 1905.

ORDONNONS:

ARTICLE I

Chaque propriétaire ou locataire de la Concession française est tenu de déposer ses ordures, cendres ou déchets ménagers dans une poubelle ou caisse au gré des intéressés, d'une taille raisonnable et pourvue de deux poignées pour en permettre la manipulation facile par les coolies de la voirie. Chaque poubelle doit porter des marques, initiales ou numéros connus de la police et permettant d'en identifier le propriétaire.

Les poubelles doivent être déposées chaque matin avant 8 heures en été et 9 heures en hiver, devant la porte des immeubles et non dans l'intérieur. Chaque particulier restera chargé d'en assurer l'entretien.

Il est expressément défendu de déposer des détritus ou ordures quelconques sur la voie publique autrement que dans les caisses susdites, et après le passage des coolies chargés de l'enlèvement.

(a) Les articles I, II, III et IV de ce Règlement reproduisent l'Ordonnance de M. Kammerer en date du 1er décembre 1905

ARTICLE II

Les eaux grasses seront enlevées une fois par jour à domicile et à l'intérieur des immeubles, elles devront être contenues dans des jarres ou récipients suffisants en nombre ou en grandeur et placés à un endroit dont l'accès sera facile aux coolies de la voirie de manière à ne pas les retarder dans leur service.

ARTICLE III

Les caniveaux ne doivent recevoir que les eaux de pluie et les eaux de nettoyage sans odeur. Il est expressément interdit d'y verser des eaux grasses, boues, vidanges, ordures ou déchets ménagers et d'une manière quelconque aucun corps de nature à dégager de mauvaises odeurs. Les propriétaires sont tenus de faire nettoyer chaque jour, les caniveaux, rigoles ou écoulements intérieurs de leurs immeubles ainsi que leurs cours.

ARTICLE IV

Les particuliers dont l'industrie serait de nature à produire beaucoup de déchets ou eaux résiduelles, devront s'entendre avec le service de la voirie pour assurer par des mesures spéciales l'enlèvement desdits résidus.

ARTICLE V

Tout établissement commercial, industriel ou autre, susceptible d'être pour le voisinage une cause plus ou moins grande d'insalubrité ou d'incommodité, ou encore d'insécurité, ne pourra être autorisé sans une enquête préalable de commodo et incommodo. L'Administration Municipale se réserve d'indiquer dans ce cas, les conditions générales et spéciales auxquelles sera subordonnée l'autorisation sollicitée.

Une autorisation de ce genre pourra, d'ailleurs, toujours être refusée après délibération du Conseil.

Quant aux établissements déjà existants, ils devront se conformer aux mesures édictées par le présent règlement.

ARTICLE VI

Les habitants sont tenus de faire nettoyer chaque matin avant l'heure indiquée pour l'enlèvement des poubelles, toute la portion des trottoirs, passages ou impasses s'étendant au devant des maisons ou de leurs dépendances. Les boues ou immondices provenant de ce balayage seront déposées devant les habitations d'où elles seront enlevées par les soins de la Municipalité.

ARTICLE VII

Les écuries, étables, poulaillers et autres locaux affectés aux animaux devront être tenus dans un parfait état de propreté.

ARTICLE VIII

Les cabinets d'aisances devront être vidés et nettoyés chaque jour et fréquemment désinfectés, particulièrement en temps d'épidémie. A l'avenir les propriétaires seront tenus, en présentant à l'approbation du Conseil leurs plans pour de nouvelles constructions, particulièrement pour les maisons destinées aux Chinois, de donner un plan détaillé des lieux réservés aux W. C. et dépôts d'eaux sales et de spécifier le mode d'imperméabilisation et d'aération qu'ils ont choisi.

Pour les cabinets existants, dont l'installation paraîtra trop défectueuse à la Commission d'hygiène, dont il est parlé ci-dessous, des transformations pourront être imposées par le Conseil.

ARTICLE IX

Toute personne transportant des vidanges ou autres matières nuisibles ou répandant de mauvaises odeurs, devra prendre les précautions nécessaires pour éviter le dégagement de ces odeurs et pour ne pas nuire à la santé publique. Le transport de ces matières ne pourra avoir lieu après 10 heures du matin et avant 9 heures du soir.

L'emploi des matières fécales pour la fumure des jardins est rigoureusement interdit.

ARTICLE X

Un agent désigné par le Conseil municipal fera de fréquentes visites dans les cours et dépendances des maisons de la Concession pour s'assurer que les prescriptions de la présente ordonnance sont observées. Il fera part au Chef de la Voirie des infractions au règlement qu'il aura constatées et celui-ci dressera procès-verbal, s'il y a lieu.

La Commission d'hygiène pourra, quand elle le jugera nécessaire, exercer le même contrôle et visiter tout logement dont la salubrité lui paraîtrait douteuse.

ARTICLE XI

Les contraventions au présent règlement seront punies sur procès-verbal du Chef de la Voirie, d'une amende de 1 à 5 dollars payables contre reçu. Le propriétaire ou le gérant de l'immeuble répondra du paiement de l'amende.

ARTICLE XII

La présente Ordonnance entrera en vigueur au 1er Juillet 1908.

Fait à Hankéou le 11 Juin 1908.

A. DOIRE.

REGLEMENT SUR LA DIVAGATION DES CHIENS

ORDONNANCE

Nous, Consul de France, Président de la Municipalité Française, Chevalier de la Legion d'Honneur.

En vertu des pouvoirs qui nous sont conférés par le règlement d'organisation municipale.

Vu l'article XIII du dit règlement :

ARRETONS :

ARTICLE I

Tout chien européen circulant dans la Concession Française devra être muni d'un collier portant le nom de son propriétaire.

ARTICLE II

Tout chien européen errant, non muni du susdit collier, sera conduit à la fourrière municipale ou il sera gardé, pendant 48 heures à la disposition de son propriétaire, moyennant paiement d'une amende de trois piastres ($3.00). Passé ce délai, tout animal non réclamé sera abattu.

ARTICLE III

Tout chien ohinois trouvé sur la Concession Française, sera immédiatement abattu.

ARTICLE IV

Le Chef de la Police Municipale est chargé de l'exécution du présent arrêté.

Fait à Hankéou, le 29 Mars 1907.

Le Consul de France,

Maurice DEJEAN de La BATIE.

REGLEMENT SUR LA FALSIFICATION DU LAIT

ORDONNANCE

Nous, Gérant du Consulat de France à Hankéou,

Vu l'article XVII du Règlement d'administration municipale ;

Considérant que des plaintes nous ont été adressées sur l'altération ou la falsification du lait mis en vente sur la Concession Française et qu'il importe, dans l'intérêt de la santé publique, de prendre les mesures nécessaires pour prévenir la fraude et la réprimer sévèrement.

ORDONNONS :

ARTICLE I

Il sera procédé de temps à autre à la vérification au moyen du lacto densimètre, du lait transporté ou vendu sur la Concession Française.

ARTICLE II

Les marchands devront se prêter à cette vérification, faute par eux de s'y soumettre, ils y seront contraints, et la vente du lait pourra leur être interdite sur tout le territoire de la concession.

ARTICLE III

Il sera admis une tolérance de 1/10 d'eau, mais au dessus de ce chiffre, les délinquants seront, à la première contravention, frappés d'une amende de 2,3,4,5 dollars, correspondante à la quantité d'eau 2/10, 3/10, 4/10, 5/10 et au dessus, accusée par le lacto densimètre. En outre, le lait falsifié, sera saisi et jeté à la rivière.

ARTICLE IV

En cas de récidive, l'amende sera doublée, et l'autorisation de vente retirée à la troisième contravention.

ARTICLE V

Le Chef de la police municipale est chargé de l'exécution de la présente Ordonnance.

Hankéou le 2 Octobre 1908

A. DOIRE

REGLEMENT SUR LES VIDANGES

ORDONNANCE

Nous, Gérant du Consulat de France à Hankéou,

Vu la délibération du Conseil municipal en date du 28 Janvier 1909 réorganisant le service des vidanges institué le 28 juillet 1908,

Vu l'article XIV du Règlement d'organisation municipale,

ORDONNONS :

ARTICLE I

A partir du 1er février 1909 chaque résident de la concession française sera tenu de faire assurer lui-même et à ses frais, par amah ou coolie, le service à l'interieur de ses appartements. Les matières devront être transportées directement par l'amah ou le coolie au dépôt municipal de la rue de Tananarive avant dix heures du matin.

ARTICLE II

Seul le service des vidanges pour les cabinets affectés aux indigènes sera fait par des coolies de la municipalité et ce, moyennant une redevance fixée par le conseil et qui sera recouvrée trimestriellement sur présentation d'un reçu.

ARTICLE III

Le chef des services municipaux est chargé de l'exécution de la présente Ordonnance qui entrera en vigueur à partir du premier février 1909.

Hankéou, le 30 Janvier 1909.

A. DOIRE.

III. TERRAINS ET CONSTRUCTIONS

ABORNEMENTS ET PLANS

ORDONNANCE

Nous, Albert Kammerer, Consul Suppléant Chargé p.i. du Consulat de France à Han-k'eou, agissant à la fois comme Consul et comme Président de la Municipalité Française de Hau-k'éou.

Attendu qu'il est indispensable d'empêcher toute contestation sur les limites et l'abornement des terrains sis sur la Concession Française et qui peuvent faire l'objet de transactions dans les registres du Consulat de France à Han-k'éou.

Attendu, d'autre part, que les abornements pratiqués par les particuliers ne présentent pas une garantie suffisante, et que la présence de plusieurs bornes, appartenant à divers propiétaires et sans contact mathématique, sur un seul angle limite de propriété, rend difficile toute opération cadastrale précise.

Avons ordonné et ordonnons ce qui suit :

ARTICLE I

Dans l'avenir aucun titre de propriété ne sera délivré, aucun transfert de propriété ne sera enregistré sur les registres du Consulat de France à Han-k'éou sans être accompagné de deux plans dûment paraphés par les interessés, vendeur et acheteur, dont l'un sera annexé aux registres et l'autre sera remis à l'acheteur.

ARTICLE II

Ces plans seront dressés par l'ingénieur de la Municipalité Française, ou dûment vérifiés par lui s'ils émanent d'un autre ingénieur. Ils ne pourront être enregistrés que s'ils portent la mention "Vérifié et certifié exact" avec la date et la signature de l'ingénieur municipal.

ARTICLE III

L'abornement des propriétés devra être fait en présence de l'ingénieur municipal et contradictoirement avec les interessés ou leur représentant. L'ingénieur municipal dressera deux procès verbaux de cet abornement, dont l'un sera remis à la Municipalité Française et l'autre aux intéressés.

ARTICLE IV

Il n'y aura qu'une seule borne à chaque angle de propriété. Les bornes seront fournies par la Municipalité Française et d'un type uniforme, à section carrée portant sur leur sommet une croix gravée. Le centre de cette croix indiquera le point géométrique de chaque angle de propriété. Les particuliers seront libres de faire graver à leur gré sur le côté de la borne faisant face à leur propriété telles initiales ou indications que bon leur semblera.

ARTICLE V

En vue de faire respecter les réglements de voirie de la Concession Française, aucune construction neuve ne pourra être élevée sans qu'un plan soit déposé à la Municipalité Française et approuvé par le Président de ladite Municipalité ou par l'ingénieur municipal. Pour les travaux peu importants, le visa sera donné par ledit Président. Pour les constructions importantes et toutes les fois qu'il sera nécessaire, les plans seront soumis à l'ingénieur municipal.

ARTICLE VI

Il sera perçu pour la fourniture des bornes et les opérations de l'ingénieur municipal, les taxes suivantes payables à la Municipalité Française :

1° Fourniture d'une borne et bétonnage sur place dans un bloc de 80 centimètres de côté..............Tls. 4

2° Pose de bornes ou pierres limites d'une propriété, en présence et contradictoirement avec les interessés ou leur représentant, non compris la livraison des pierres et matériaux ....Tls. 12

3° Vérification certifiée exacte des plans de propriétés ou de terrains fournis par les interessés..Tls. 12

4° Etablissement d'un plan de propriété certifié exact... Tls. 25

5° Etablissement d'un plan de propriété certifié exact et pose de bornes limites contradictoirement avec les interessés...Tls. 30

(Pour un même terrain la taxe en dépassera jamais Tls. 30, toutes opérations comprises.)

6° Visa de plans de construction par le Président de la Municipalité Française et autorisation de voirie ....Tls. 5

7° Visa de plans de construction et autorisations de voirie soumises à l'examen de l'ingénieur municipal ....Tls. 12

Tous les travaux rendus nécessaires par les opérations d'abornement et qui ne sont pas prévus ci-dessus, seront comptés aux particuliers à prix coûtant.

ARTICLE VII

La présente ordonnance sera communiquée au Corps Consulaire de Han-k'eou et affichée a la Municipalité Française.

Hankéou, le 5 Juillet 1905.

Signé: A. KAMMERER.

ORDONNANCE

Nous, Gérant du Consulat de France à Hankéou,

Vu l'article XIV du Règlement d'administration municipale,

Vu la délibération du Conseil municipal en date du 19 Octobre 1907,

Vu la lettre de M. le Ministre de France à Pékin en date du 15 novembre 1907 approuvant la dite délibération,

AVONS ORDONNE ET ORDONNONS CE QUI SUIT:

ARTICLE I

Toute personne se proposant d'élever une construction sur la Concession Française devra, conformément à l'article V de l'ordonnance consulaire du 5 Juillet 1905, déposer au Secrétariat de la Municipalité une expédition sur toile calque des plans de l'immeuble projeté. Ces plans devront comporter les plans de chaque étage, les élévations et les coupes. Les dimensions des fondations, murs et de la charpente devront y être clairement indiquées.

ARTICLE II

Le visa des originaux des dits plans donnera lieu pour chaque immeuble à la perception au profit de la Municipalité d'un droit fixe et uniforme de douze taels, tel qu'il était prévu au paragraphe 7 de l'article VI de l'Ordonnance Consulaire du 5 Juillet 1905.

ARTICLE III

Il sera perçu, en outre, un droit d'un quart pour cent sur la valeur des travaux prévus par le contrat passé avec l'entrepreneur, représentant le droit de déchargement ou de passage des matériaux sur la Concession.

ARTICLE IV

Tout immeuble ayant un rez de chaussée et un ou plusieurs étages et s'étendant en longueur ou en largeur sur plus de vingt cinq mêtres, devra comporter un mur de protection contre l'incendie tous les vingt cinq mêtres.

Si les deux dimensions, longueur et largeur, excédaient chacune vingt cinq mêtres, il serait élevé un mur de protection dans chaque sens. Ces murs devront s'élever au dessus du toit de soixante centimêtres au moins, et il n'y sera laissé d'ouverture d'aucune espèce. Pour les immeubles ne comportant qu'un rez de chaussée, la distance entre les murs de protection sera portée à trente mêtres.

Si les constructions sont destinées aux indigènes, il sera prélevé, en plus des droits prévus par les articles II et III un droit additionnel de dix taels par chaque surface de six cent vingt cinq mêtres carrés ou fraction, pour les maisons comportant un ou plusieurs étages, et par chaque surface de neuf cents mêtres carrés ou fraction, pour celles qui ne comportent qu'un rez de chaussée.

Hankéou le 19 Octobre 1907.

A. DOIRE.

REMBLAIEMENTS

ORDONNANCE

Nous, Alphonse Doire, Gérant du Consulat de France à Hankéou, Président de la Municipalité Française,

En vertu des pouvoirs qui nous sont conférés par le règlement d'organisation municipale, et notamment par l'article 10 de ce règlement,

Vu la délibération du Conseil Municipal en date du 18 Janvier 1908

AVONS ORDONNE ET ORDONNONS CE QUI SUIT:

ARTICLE I

Tous les terrains non encore remblayés sur la Concession devront l'être avant le 1 Juin 1908. Si les travaux ne sont pas commencés avant le 15 Février prochain, la Municipalité les exécutera aux frais des propriétaires.

ARTICLE II

Tous les terrains qui restent à remblayer sur l'Extra-Concession, devront être entièrement remblayés avant le 31 Mars 1909. Les travaux devront être commencés au plus tard le 15 Février 1908 et effectués en bordure de chaque route sur une profondeur minimum de dix mètres. avant le 1 Juin 1908, pour permettre l'établissement des caniveaux. Au cas où les travaux ne seraient pas commencés à la date fixée, la Municipalité y procéderait aux frais des intéressés.

[30]

ARTICLE III

Tous les terrains non bâtis sur la Concession ou
l'Extra-Concession devront être clôturés avant le premier
Mars 1908.   Passé ce délai, l'opération sera faite par la
Municipalité aux frais des intéressés.

Hankéou, le 22 Janvier 1908

A. DOIRE

BATIMENTS POUR LES INDIGENES SUR L'EXTRA-CONCESSION

ORDONNANCE

Le Gérant du Consulat de France à Hankéou, Président de la Municipalité Française, agissant en vertu des pouvoirs qui lui sont conférés par le règlement d'Administration Municipale et notamment par l'article 10 dudit règlement,

Vu la lettre officielle de S. E. M. Dubail, Ministre de la République à Péking en date du 20 mai 1904, adressée au soussigné, Vu la délibération du Conseil Municipal-séance du 14 juin 1904.

ARRETE CE QUI SUIT:

ARTICLE I

Pendant cinq ans, à partir de la présente ordonnance, des permis de construire sur l'extra-concession des bâtiments semi-européens susceptibles d'être loués aux indigènes, seront délivrés par la Municipalité. Ces permis seront valables pendant quinze ans. Passé ce délai, le Conseil se réserve le droit d'interdire toute construction nouvelle de ce genre et toute réparation aux immeubles existants qui devront être enlevés aussitôt qu'ils auront atteint un certain degré de délabrement ou de vétusté.

Les plans des dits bâtiments devront être préalablement approuvés par le Conseil.

Les limites de l'arrière-concession sont ainsi définies: au Nord-ouest, une ligne parallèle au chemin de fer et à 185 mètres de celui-ci;

au Nord-est, la limite de la Concession allemande;

au Sud-ouest, la limite de la Concession russe;

au Sud-est, la bordure nord-ouest d'une rue non dénommée partant du rond-point de l'avenue de Marcilly et allant rejoindre au nord-est la Concession allemande et au sud-ouest la Concession russe.

ARTICLE II

Les maisons chinoises déjà existantes sur l'extra-concession, ne répondant pas aux conditions requises seront enlevées dans un délai de six mois à partir de la date ci-dessous.

ARTICLE III

Le chef de la Police Municipale est chargé de veiller à la publication et à l'exécution du présent arrêté.

Fait à Hankéou le 15 Juin 1904.

Le Gérant du Consulat de France,

H. FEER.

REGLEMENT SUR LES CONSTRUCTIONS

ORDONNANCE

Nous, Maurice Dejean de la Bâtie, Consul de France à Hankéou, Chevalier de la Légion d'Honneur, Président du conseil d'administration municipale de la concession française de Hankéou, agissant en vertu des pouvoirs qui Nous sont conférés par le règlement d'organisation municipale et notamment par l'article X du dit règlement,

Vu la lettre officielle de S. E. Mr. Bapst, Ministre de France à Pékin, en date du 26 Avril 1907,

Vu la délibération du conseil municipal en date du 4 juin dernier

ARRETONS :

ARTICLE I

La faculté de construire des bâtiments semi-européens susceptibles d'être loués aux indigènes est étendue en dehors de l'extra-concession au terrain que possède encore la municipalité en bordure des rues de Hanoi, de Saigon et de Paris, terrain d'une superficie de 506 fangs environ.

ARTICLE II

Des permis seront délivrés à cet effet par la Municipalité dans les conditions prévues par l'ordonnance du 15 juin 1904. Ils ne seront valables notamment que pour une période de quinze ans.

ARTICLE III

Le chef de la police municipale est chargé de veiller à l'exécution du présent arrêté.

Fait à Hankéou le cinq juin 1907.

MAURICE DEJEAN DE LA BATIE.

IV. TAXES MUNICIPALES

FRAIS DE TROTTOIRS ET DE GRILLES

ORDONNANCE

Nous, Consul de France, Chevalier de la Légion d'Honneur, agissant en vertu des pouvoirs qui Nous sont conférés par le règlement d'Administration Municipale de la Concession Française et spécialement par l'article 10 de ce règlement.

Vu la délibération du Conseil Municipal décidant l'établissement de trottoirs (séance du 13 décembre 1902).

ARRETONS :

ARTICLE I

La dépense des trottoirs se répartira comme suit entre la Municipalité et les propriétaires :

La Municipalité prend à sa charge les travaux de canalisation et la bordure en granit du trottoir ainsi que la dépense des grilles sur les conduits profonds et au coin des rues.

Chaque propriétaire riverain devra payer le prix de la plateforme en ciment du trottoir pour la longueur correspondant à sa propriété, ainsi que les grilles ou pierres posées devant ses portes et les conduits de décharge passant sous le trottoir.

ARTICLE II

Les propriétaires pourront prendre connaissance à la Municipalité des propositions présentées par les entrepreneurs au sujet de ce travail.

Fait à Hankéou le 17 Septembre 1903.

Le Consul de France,

H. DE MARCILLY.

LICENCES DE VEHICULES ET TAXES SUR LES CHIENS

ORDONNANCE

Nous Henri Feer, Gérant du Consulat de France à Han-k'eou, Président de la Municipalité Française.

Vu l'article IX des règlements d'organisation Municipale de la Concession Française ;

Vu les délibérations du Conseil Municipal en date des 28 Janvier et 24 Février 1905 ;

Vu l'entente intervenue entre les Concessions Anglaise, Russe, Allemande et Française de Han-k'éou ;

AVONS ORDONNE ET ORDONNONS CE QUI SUIT:

ARTICLE I

A partir du 1er Avril prochain il sera perçu les taxes ci-dessous :

1° Sur chaque voiture privée $3.00 par trimestre ;
2° Sur chaque rickcha privée $2.00 par trimestre;
3° Sur chaque chien âgé de plus de 6 mois $1.00 par an ;
4° Sur chaque chaloupe à vapeur munie d'une licence municipale Tls. 25.00 par an ;
5° Les chaloupes à vapeur non-munies d'une licence municipale et accostant d'occasion le long de la Concession Française seront imposées, le cas échéant, à raison de $1.00 par jour.

ARTICLE II

Le British Municipal Council de Han-k'éou est chargé de la perception des taxes précitées et qui sont payables par anticipation.

ARTICLE III

Le Chef de la Police de la Municipalité Française veillera à la publication et à l'exécution de la présente Ordonnance.

Fait à Han-k'éou, le 10 Mars 1905.

Le Gérant du Consulat de France,

Signé: H. FEER.

LICENCES DE BARS

ORDONNANCE

Nous, Maurice Dejean de la Batie, Consul de France à Hankéou, Chevalier de la Légion d'Honneur,

Vu la délibération du Conseil d'Administration Municipale de la Concession Française en date du 13 de ce mois,

AVONS ARRETE ET ARRETONS :

ARTICLE I

Les propriétaires de bars, buvettes ou autres débits de boissons publics situés sur la Concession Française de Hankéou devront, à partir du premier Juillet prochain, être munis d'une licence spéciale.

ARTICLE II

Cette licence leur coûtera 10 Taels par mois, payables par trimestre et d'avance.

ARTICLE III

Par exception, le paiement du trimestre prochain (Juillet, Août, Septembre 1906) ne sera dû que le premier Août 1906.

ARTICLE IV

Au cas où il se produirait des désordres dans un de ces établissements la licence pourrait être retirée au propriétaire.

Hankéou, le 14 Juin 1906.

Le Consul de France,

MAURICE DEJEAN DE LA BATIE.

DROITS DE QUAYAGE SUR LES MARCHANDISES

ORDONNANCE

Nous, Gérant du Consulat de France à Hankéou,

Vu les articles IX et X du règlement municipal,

Vu la délibération du Conseil d'Administration municipale en date du 15 Février 1908,

Vu l'approbation de S.E.Mr. le Ministre de France en Chine, en date du 2 Mars 1908.

ORDONNONS:

ARTICLE I

A partir de ce jour il sera perçu sur toutes les marchandises embarquées ou débarquées par le quai de la Concession française, une taxe calculée d'après le tarif suivant:

A L'IMPORTATION

Sycee .... Un tael par cinq mille taels
Blé et autres grains... Un quart de candarin par picul
Autres articles......... Un pour mille ad valorem.

Matériaux de construction destinés aux constructions nouvelles sur la concession: Un quart pour cent sur le montant des travaux.

Les matériaux destinés aux réparations ou devant être transportés hors de la concession, acquitteront les taxes suivantes:

Briques...........cinq cents de tael par mille briques
Chaux.............deux cents de tael par picul
Sable et pierre.....cinq millièmes par fang cubique
Bois de construction...dix cents par mille pieds carrés.

A L'EXPORTATION

Musc....................Un pour mille ad valorem
Sésames, suif, wood oil, jute, cornes de buffle, haricots,
tourteaux et farine ...Un quart de candarin par picul
Autres articles.........Un demi candarin par picul.

ARTICLE II

Ces droits seront acquittés comptant. Toutefois, les
maisons de commerce établies sur les Concessions auront
la faculté de les verser mensuellement.

ARTICLE III

Le Chef des services municipaux et le Chef de
Police seront, chacun en ce qui le concerne, chargés
d'assurer l'application de la présente ordonnance.

Hankéou le 2 Mars 1908.

Le Gérant du Consulat de France,

A. DOIRE.

PAIEMENT DES CONTRIBUTIONS

ORDONNANCE

Nous, Gérant du Consulat de France à Hankéou.

Vu l'article X du règlement d'Administration Municipale.

Vu la délibération du Conseil Municipal en date du 15 Février 1908.

ORDONNONS :

ARTICLE I

Tout contribuable qui n'aura pas acquitté ses contributions dans la quinzaine qui suivra la présentation de la quittance recevra un premier avis sans frais.

S'il n'a pas encore payé dans la quinzaine qui suivra cet avis, il en recevra un second avec frais, lesquels frais seront égaux à dix pour cent des sommes dûes à la Municipalité.

Dans le cas où l'avis avec frais resterait également sans effet, des poursuites seront exercées après le délai d'un mois à compter du second avis.

ARTICLE II

Le Chef des services municipaux est chargé de l'application de la présente ordonnance qui entrera en vigueur à partir de ce jour.

Hankéou, le 4 Mars 1908.

Le Gérant du Consulat de France,

A. DOIRE.